BEI GRIN MACHT SICH IHR WISSEN BEZAHLT

- Wir veröffentlichen Ihre Hausarbeit, Bachelor- und Masterarbeit

- Ihr eigenes eBook und Buch - weltweit in allen wichtigen Shops

- Verdienen Sie an jedem Verkauf

Jetzt bei www.GRIN.com hochladen und kostenlos publizieren

Anna Sliwa

Goethes "Italienische Reise"

Goethe in Rom

GRIN Verlag

Bibliografische Information der Deutschen Nationalbibliothek:

Die Deutsche Bibliothek verzeichnet diese Publikation in der Deutschen National-
bibliografie; detaillierte bibliografische Daten sind im Internet über http://dnb.d-
nb.de/ abrufbar.

Impressum:

Copyright © 2006 GRIN Verlag GmbH
Druck und Bindung: Books on Demand GmbH, Norderstedt Germany
ISBN: 978-3-640-16676-3

Dieses Buch bei GRIN:

http://www.grin.com/de/e-book/115250/goethes-italienische-reise

Universität Karlsruhe (TH)

Institut für Literaturwissenschaft

Proseminar *Interkulturelle Germanistik*

(SS 2006)

Hausarbeit

Goethes „Italienische Reise"

Goethe in Rom

Anna Maria Sliwa

Germanistik(HF) / Multimedia(EB); BA

4. Semester

Inhaltsverzeichnis

1. Einleitung:

Am 3. September 1786 brach Goethe noch im Morgengrauen nach Italien auf. Der Reiseantritt hatte den Anschein einer Flucht, nicht aufgrund des fehlenden Gepäcks, er hatte nicht viel mit sich, sondern weil bis auf seinen Diener keiner von Goethes Vertrauten seine Absichten kannte.

Doch warum ging Goethe fort? Wollte er genau so wie andere Künstler bei ausländischen Meistern lernen oder im Ausland künstlerische Inspiration suchen? Ja vielleicht war dies der Grund, vielleicht wurde er aber von anderen Umständen dazu bewegt. Sicher war jedoch, dass seine Abreise nichts von einem Bruch mit seinem damaligen Leben hatte. Er wollte wieder zurückkommen (seine zweijährige Reise, die mehr ein Leben in Italien war, sollte zunächst nur wenige Monate dauern), „reicher, gereifter, selbstsicherer."[1]

„Bey dem Besten was mir wiederfährt hoff ich auf eine glückliche Wiederkehr zu Euch und hoffe wiedergeboren zurückzukommen."[2] schrieb Goethe am 18. September 1786 an Herder. Einige Monate später, am 2. Dezember 1786 schrieb Goethe, während seines Romaufenthalts an Charlotte von Stein folgendes. "... mit dem neuen Leben, das einem nachdenkenden Menschen die Betrachtung eines neuen Landes gewährt, ist nichts zu vergleichen. Ob ich gleich noch immer derselbe bin, so mein' ich, bis aufs innerste Knochenmark verändert zu sein".[3]

Wiedergeburt als Ergebnis seiner Reise – ein etwas irritierender Ausspruch. Doch Goethe wollte sich in seiner neuen Existenz ganz frei den Eindrücken hingeben um später wieder völlig nüchtern in die Alltäglichkeit der Gegenwart zurückzukehren.

Gerade hierfür war die fluchtartige Abreise aus Weimar und dem Hofzirkel in dem sich Goethe bewegte genau so notwendig, wie der Verzicht auf einen Reisebegleiter.

Als einen letzten Rückblick auf sein damaliges Leben, schreibt Goethe am 8. September 1786 an Frau von Stein: „Hier oben in einem wohlgebauten, reinlichen

---

[1] J.W. v. Goethe. Aufzeichnungen in Italien. Das Tagebuch für Charlotte von Stein, hg. von Eugen Thurnher, Salzburg 1982, S. 7

[2] Hartmut Schmidt. Die Kunst des Reisens. Bemerkungen zum Reisebetrieb im späten 18. Jahrhundert am Beispiel von Goethes erster Italienreise. In: Goethe in Italien, hg. von Jörn Göres, Mainz 1986, S.10

[3] J. W. v. Goethe. Italienische Reise. Eintrag vom 2.Dezember 1786

bequemen Hause seh ich nun noch einmal nach dir zurück. ...".[4] Dieser innerliche Abschied von Charlotte von Stein, ermöglicht ihm nun, völlig losgelöst von seinen inneren Zwängen, sich seiner Reise in ein neues Leben zu widmen.

In der folgenden Hausarbeit möchte ich die Veränderung Goethes, die er in Italien durchlebt hat, am Beispiel seiner Zeit in Rom aufzeigen. Hierfür werde ich mich mit Goethes römischen Freundeskreis, seiner Zusammenkunft mit dem Katholizismus und seiner Kunstwahrnehmung in Rom beschäftigen sowie seinem zweiten römischen Aufenthalt.

2. Goethe in Rom

„... und ich zähle einen zweiten Geburtstag, eine wahre Wiedergeburt, von dem Tag an, da ich Rom betrat.", schrieb Johann Wolfgang von Goethe im Alter von 37 Jahren als er am 29. Oktober 1786 in Rom ankam.[5] Für Goethe war diese Ankunft all das was er schon sein ganzes Leben vermisst hat. In Rom fühlte er sich sofort wie zu Hause, als ob er nie woanders gelebt hätte. Schon in seiner Kindheit wurde er von seinem Vater mit Rom vertraut gemacht, als dieser von seiner Italienreise viele Erinnerungsstücke und Antiquitäten mitbrachte. Diese wurden für Goethe die Einrichtungen seiner Kindheit und hatten einen großen Einfluss auf den jungen Goethe. Die Begierde nach Rom zu kommen musste unheimlich groß gewesen sein. Wenn man bedenkt, dass er in dieser Stadt bei seinem ersten Aufenthalt vier Monate verweilte und seine Reise dorthin nur knapp zwei Monate dauerte, wie reizlos mussten dann die anderen Städte für ihn sein. Goethe selbst schrieb am 1. November 1786 folgendes: „Die Begierde nach Rom zu kommen war so groß, dass kein Bleiben mehr war, und ich mich nur drei Stunden in Florenz aufhielt."

2.1 Goethes römischer Freundeskreis

Seine erste Nacht in Rom verbrachte Goethe im Albergo dell' Orso, wo er sich mit

---

[4] Christina Florack-Kröll. Das „Tramontane" – Goethes Erlebnis des Südens. In: Goethe in Italien, hg. von Jörn Göres, Mainz 1986, S.15

[5] Andrea Wagener. Goethe und sein römischer Freundeskreis. In: : Goethe in Italien, hg. von Jörn Göres, Mainz 1986, S.41

dem deutschen Maler Tischbein traf, mit dem er schon seit 1781 im brieflichen Kontakt stand.[6] Schon am nächsten Tag zog Goethe zu Tischbein, wo noch zwei andere Künstler, Friedrich Bury und Johann Heinrich Lips, lebten. Goethe schloss sich diesem Kreis an, doch nur Tischbein begleitete in auf seinen Wegen durch Rom und so entstand eine enge Freundschaft zwischen den Künstlern. Im Dezember 1786 schrieb Goethe in einem seiner Briefe: „Das stärkste, was mich in Italien hält ist Tischbein...“[7] Die Nähe Goethes, den Tischbein als tiefsinnig und weltgewandt empfand, trieb Tischbein zu seinem erfolgreichsten Werk. In diesem Werk – Goethe in Lebensgröße als Reisender – sind viele Erlebnisse der Freunde eingefangen. Mit diesem Bild wollte Tischbein Goethes Verhältnis zur Natur festhalten, denn dieses Verhältnis entstand erst als Goethe anfing sich in Italien mit der Kunst zu beschäftigen.

Ein anderer treuer Begleiter, mit dem sich Goethe in Rom anfreundete, war der Schweizer, Heinrich Meyer. Goethe lernte Meyer in einer Gemäldegalerie kennen, als er ratlos vor einem Gemälde stand und Heinrich Meyer auf ihn zukam und ihn über das Bild belehrte.

Goethe lobte an Meyer den Entschluss, den eröffneten Weg von Winckelmann und Mengs ruhig fortzufahren.

Diese dreier Runde traf bald darauf den Altertumsforscher Johann Friedrich Reiffenstein, der gerade bei den Deutschen als Führer und Kunstvermittler sehr gefragt war. Für diese lockere Künstlerrunde war der 30 Jahre ältere Reiffenstein das Zentrum. Er veranstaltete regelmäßig in seinem Landhaus in Frascati Künstlertreffen, bei denen die Künstlerfreunde ihre Zeichnungen zeigen und mit den anderen besprechen konnten. An einem Nachmittag in Frascati schrieb Goethe folgende Zeilen nach Deutschland: „... versammelt sich alles im Kreise und legt die Blätter vor, welche den Tag über gezeichnet und skizziert worden. Darüber spricht man, ... Hofrat Reiffenstein weiß diese Sitzungen durch seine Einsicht und Autorität zu ordnen und zu leiten“.[8]

Dem Kreis der deutschen Künstler schloss sich im November 1786 noch der Schriftsteller Karl Philip Moritz an, der wegen einer unglücklichen Liebe nach Rom

---

[6] Andrea Wagener. Goethe und sein römischer Freundeskreis. In: : Goethe in Italien, hg. von Jörn Göres, Mainz 1986, S.42

[7] Ebd.

[8] J. W. v. Goethe. Italienische Reise. Eintrag vom 15. Noveber 1786

geflohen war. Als Moritz sich eines Tages den Arm brach und aus diesem Grund das Bett hüten musste, kümmerte sich Goethe in diesen Tagen um den Schriftsteller.

Goethe übernahm dabei die Funktion des Beichtvaters und Vertrauten sowie Finanzministers und geheimen Sekretärs. In dieser Zeit lernte Goethe Moritz als einen Seinesgleichen kennen, denn in Moritz' Kunstdenken erkannte er die gleichen Ansichten zu denen er im Laufen der Zeit in Rom kam. Zu Moritz' Gedanken gehörte die These, dass der Künstler sich nicht nur mit der Betrachtung der Kunst zufrieden geben dürfe, sondern ihr nachahmen, nachstreben müsste. Auch Goethe erkannte während seines Studiums der antiken Kunst in Rom den Ursprung der Kunst im Schöpferischen der Natur.[9] Doch nicht nur die gleichen Kunstansichten verbanden die deutschen Männer, auch das literarische Schaffen Moritz' führte zur engen Freundschaft zwischen den beiden.

Die Freundschaft mit den Künstlern in Rom regte Goethe zum Erproben seiner Ideen über die Kunst an. Um seine Theorien im Zeichnen auszuüben und auch das Zeichnen zu üben, zog Goethe mit den beiden Freunden, seinen zwei anderen Mitbewohnern sowie mit Hofrat Reiffenstein die Tage über durch die Natur. Die schon viel weiter entwickelten Fähigkeiten seiner Begleiter störten ihn dabei nicht, denn Goethe wollte von ihnen lernen.

Goethes guter Ruf in Rom breitete sich bald aus und ließ ihn mit der Künstlerin Angelica Kauffmann und ihren Gatten, den Maler Antonio Zucchi, zusammen kommen. Mit der Zeit entwickelte sich auch zwischen Goethe und Angelica Kauffmann eine große Freundschaft, und so wurde sie neben Tischbein zu Goethes treuester Zuhörerin, wenn er aus seiner „Iphigenie" vorlas. Zum späteren Zeitpunkt zeichnete Angelica Kaufmann einige Szenen aus Goethes Dichtung.

Gerade bei ihr fand Goethe viel Ruhe und Vertrautheit wenn er sich von seinem römischen Freundeskreis etwas zurückziehen wollte, da auch Angelica Kauffmann sich nach Möglichkeiten vom gesellschaftlichem Leben fernhielt.

<u>2.2 Goethes Zusammenkunft mit dem Katholizismus</u>

Ein nicht unwichtiger Punkt bei Goethes Italienaufenthalt ist der Katholizismus.

---

[9] Vgl. Andrea Wagener. Goethe und sein römischer Freundeskreis. In: Goethe in Italien, hg. von Jörn Göres, Mainz 1986, S.43

Man muss sich hier zuerst vor Augen halten, dass hier ein Protestant das Land des Katholizismus betrat. Goethe hatte jedoch schon in seiner Jugend, aufgrund der Vielseitigkeit der heimischen Bibliothek, die Möglichkeit etwas über die katholische Kirche zu erfahren.

Seine Annäherung an das Stammland des Katholizismus erfolgte parallel zu seiner geographischen Annäherung, wie schon zum Beispiel im katholischem Bayern. Doch erst in Rom zeigte sich ihm die Fülle der katholischen Religion, in ihren Ritualen ebenso wie in ihrem Unsterblichkeitsglauben. Gerade zu Goethes Zeit in Rom war diese Stadt hauptsächlich die Hauptstadt des Papstes und so war die Religion überall zu spüren.

Goethe empfand den kirchlichen Protestantismus mit seiner Sinnfeindlichkeit als eine sehr trockene Lehre.[10] Sein eigenes Gottesbild prägte die Verbindung von Gott zur Natur. Gerade in Rom erwartet er ein anderes religiöses Denken und widmet sich voller Hoffnung der katholischen Religion. Hier ist er in einem Land, in dem die Sinne für Künste wie Malerei, Musik und Architektur viel weiter entwickelt waren, als auf protestantischem Gebiet.

Oft finden sich in der „Italienischen Reise" Passagen über die katholische Kirche. Er ist gefesselt von der Sinnlichkeit des Menschen, die die religiöse Verwirklichung lebendig macht[11] und wird zugleich von all dem enttäuscht und baut seine eigenen Grenzen. Dieser Zwiespalt macht sich bemerkbar in der Konfrontation mit den katholischen Festen, Gottesdiensten und Bräuchen. Goethe kann sich hier völlig hingeben und genießt diese Eindrücke. Erst wenn ein gewisser Grad erreicht wird und seine Grenzen überschritten werden, schlägt der Genuss in Ablehnung und Distanz um.[12]

Goethe zeigt oft in seinen Briefen wie hin und her gerissen er ist, so erwähnt er den Katholizismus oft in seinen Briefen, fügt aber gleichzeitig immer hinzu, dass er etwas anderes erwartet hätte und nicht viel für dies alles übrig habe. So schreibt er schon an den ersten Tagen in Rom in seinen Briefen: „Einer der Hauptbeweggründe, die ich mir vorspiegelte, um nach Rom zu eilen, war das Fest Allerheiligen, der erste

---

[10]Vgl. Ingrid Felber. Goethe in Italien. Der Protestant im Zentrum der katholischen Welt. In: Goethe in Italien, hg. von Jörn Göres, Mainz 1986, S.23

[11] Vgl. Ingrid Felber. Goethe in Italien. Der Protestant im Zentrum der katholischen Welt. In: Goethe in Italien, hg. von Jörn Göres, Mainz 1986, S.24

[12] Ebd.

November; denn ich dachte, geschieht dem einzelnen Heiligen so viel Ehre, was wird es erst mit allen werden. Allein wie sehr betrog ich mich! Kein auffallend allgemeines Fest hatte die römische Kirche beliebt ..."[13]

Weiter in diesem Brief heißt es dann aber wieder: „Mich ergriff ein wunderbar Verlangen, das Oberhaupt der Kirche möge den goldenen Mund auftun und, von dem unaussprechlichen Heil der seligen Seelen mit Entzücken sprechend, uns in Entzücken versetzen. Da ich ihn aber vor dem Altare sich nur hin und her bewegen sah, bald nach dieser, bald nach jener Seite sich wendend, sich wie ein gemeiner Pfaffe gebärdend und murmelnd, da regte sich die protestantische Erbsünde, und mir wollte das bekannte und gewohnte Meßopfer hier keineswegs gefallen ... ich zupfte meinen Gefährten, daß wir ins Freie der gewölbten und gemalten Säle kämen."[14]

Ist es doch erstaunlich wie Goethe als Nicht-Katholik seine Wahrnehmungen formuliert. Er sagt nicht einfach nur ‚der Papst' sondern wählt Begriffe wie ‚heiliger Vater' oder ‚das Oberhaupt der Kirche', das ihn ‚in Entzücken versetzt', all das spricht für seine Faszination und dann wiederum wendet er sich mit Grauen ab.

Das erregt-berauschende Gefühl ist von einem Moment auf den anderen verschwunden und das göttliche des Papstes verwandelt sich wieder ins menschliche. Die Konfrontation mit dem Bild das Goethe sich hier gemacht hatte ist nun so unerträglich, dass er ins Freie flüchten muss. Man erkennt hier deutlich, dass Goethes Vorstellung von der katholischen Religion eine andere war, als das was er dann letztendlich in Rom wirklich vorgefunden hat. Sein Intellekt schafft hier Distanz und er erlebt einen Bruch zwischen ihm und der Göttlichkeit.

Aus diesem Bruch verhilft ihm die Kunst. Hier kann Goethe seinen Intellekt völlig ausschalten und sich nur den Empfindungen, die auf ihn einwirken, ganz hingeben. Er selbst sagt: „Wir fragen nicht nach wie und warum, wir lassen es geschehen und bewundern die unschätzbare Kunst."[15]

Goethe ist aus den Zwängen der Weimarer Hofkultur geflohen, um in Italien ein erweitertes, freieres Menschenbild zu finden. Hier versuchte er das Himmlische mit dem Weltlichen durch sein Naturerlebnis zu verbinden, doch kann das

---

[13] J. W. v. Goethe. Italienische Reise. Eintrag vom 3. November 1786

[14] Ebd.

[15] Ingrid Felber. Goethe in Italien. Der Protestant im Zentrum der katholischen Welt. In: Goethe in Italien, hg. von Jörn Göres, Mainz 1986, S.25

„Gefängnis des Papstes" diese Verbindung auch verhindern[16] und nur deshalb bringt er diese Ablehnung gegen den Katholizismus auf, wenn er merkt dass dieses Menschenbild dem seinem nicht entspricht. Trotzdem übt der Katholizismus auf Goethe auch eine große Anziehungskraft aus, wenn er gleichzeitig sieht welche Verbindung dieser zwischen Mensch und Göttlichkeit herstellt. Die Ablehnung kommt aber schnell wieder, als er die Starrheit der kompromisslosen Religion spürt und er sich wieder in dem Gefängnis des Menschen sieht, der eigentlich frei sein möchte.

Goethe ist hin und her gerissen zwischen der Faszination und der Ablehnung gegenüber der katholischen Kirche. Letztendlich findet er nicht das vor was er sich vorgestellt hat und trotzdem ist der Katholizismus ein ganz wichtiger Punkt bei der Italienreise. Im weiteren Verlauf bezieht er schließlich die katholischen Bräuche immer mehr auf seine eigene Person und die Situation, in der er sich gerade befindet. Den Fronleichnamszug sieht er als seine eigene Weihung zum Römer, da er an diesem Tag zum zweiten mal in Rom eintrifft. Des Weiteren finden sich immer wieder Motive der katholischen Religion in seinen weiteren Werken. In Faust II, Vers 12101 heißt es: „Jungfrau, Mutter, Königin, Göttin bleibe gnädig". Das Frauenbild, dass sich an die Marienfigur anlehnt, wäre ohne die Italienreise nicht vorstellbar, den das Motiv der Himmelfahrt findet sich auf verschiedenen Ebenen im Text der „Italienischen Reise".[17] Auch wenn Goethe im Katholischen immer den Dogmatismus sah, so war er auch voll von Bewunderung gegenüber dieser Religion.

2.3 Goethe und die Kunst

Goethe ging nach Italien um die Begegnung mit den großen Kunstwerken zu finden. Er wollte endlich das sehen was er seit seiner Kindheit kannte. Goethe beschäftigte sich mit der antiken Kunst schon lange vor seiner Reise, durch die Erzählungen seines Vaters, der auch in Rom gewesen ist und durch die Winckelmann-Schriften, die ihm in seinem Studium in Leipzig nahe gebracht wurden.

Auf dieser Reise galt sein Augenmerk zuerst vor allem der Geologie und der

---

[16] Vgl. Ingrid Felber. Goethe in Italien. Der Protestant im Zentrum der katholischen Welt. In: Goethe in Italien, hg. von Jörn Göres, Mainz 1986, S.28

[17] Vgl. Ingrid Felber. Goethe in Italien. Der Protestant im Zentrum der katholischen Welt. In: Goethe in Italien, hg. von Jörn Göres, Mainz 1986, S.28

bildenden Kunst. Er schrieb anfangs zwar mehr über die Geologie, aber das trat zurück, als er in der Ewigen Stadt eintraf. In Rom wurde er überwältigt von den Eindrücken, die auf ihn einwirkten und war glücklich dass das Erhoffte wirklich wahr wurde.

Zunächst orientierte sich Goethe bei seinen Besichtigungen an den Vorgaben Winckelmanns, denn seine Kunstauffassung war zu dieser Zeit noch sehr von Winckelmann geprägt, doch konnte sich dieser Einfluss nicht lange gegen die anderen Künstler behaupten und so entfernte sich mit der Zeit Goethes Denken von Winckelmanns Sicht. (Winckelmann entwickelte anhand der antiken Werke sein Klassizistisches Ideal der inneren Ruhe nach dem sich die Kunst um die Weisheit erweitern und allzu starker Ausdruck durch die Schönheit gemildert und gebändigt werden sollte. Die eigentlichen Merkmale waren für Winckelmann edle Einfalt und stille Größe.[18])

Goethe nahm Zeichenunterricht bei Angelica Kaufmann und wurde in Rom viel mehr von den Bauwerken und Künsten dieser Stadt bewegt. Hier traf er viele Künstler, unter anderem auch den deutschen Maler Tischbein, der sein enger Freund wurde. In Rom widmete sich Goethe ganz der Kunst. Um sich in der Kunst des Zeichens zu üben ging Goethe mit seinen Freunden Tischbein und Meyer, sowie mit den Hausgenossen Bury, Lips und Schütz zu den Denkmalen in Rom. Er widmete sich der Kunst im Rom um sein Sehen zu schulen. Dabei gehörte Goethes Zuneigung gerade den kleinen Formaten der Tempeln vielmehr als den riesigen Amphitheatern. Vor allem das Colosseum beschäftigte ihn nur wegen der immensen Größe. Am 11. November schrieb Goethe in einem seiner Briefe: „… dass man das Bild nicht in der Seele behalten kann; man erinnert sich nur kleiner wieder, und kommt man dahn zurück, kommt es einem aufs neue größer vor."[19]

Bei seinem ersten Romaufenthalt hielt sich Goethe mit dem Praktizieren noch im Hintergrund auf. Er ließ die Eindrücke auf sich wirken und lernte dabei. Dies änderte sich bei seinem zweiten römischen Aufenthalt. Die Phase der Wiedergeburt, die er bei seinem ersten Eintreffen in Rom erlebte war nun vorbei und er befasste sich mit seinem weiteren Lebensweg.

Goethe unternahm nun, mit seinen alten Freunden Angelica Kaufmann, ihrem

---

[18] Andrea Wagener. Goethe und sein römischer Freundeskreis. In: Goethe in Italien, hg. von Jörn Göres, Mainz 1986, S.40

[19] J. W. v. Goethe. Italienische Reise. Eintrag vom 11. November 1786

Ehemann und dem Hofrat Reiffenstein, Ausflüge aufs Land oder in Museen und begann das Aufgenommene in die Tat umzusetzen und so kam Goethe mit großer Ernsthaftigkeit nicht nur in der Dichtung sondern auch im Zeichnen zu Ergebnissen. Er tat sich auch wieder mit Bury, Lips und Schütz zusammen und das Aufeinandertreffen der verschiedenen Persönlichkeiten führte zur fruchtbaren Stimmung. Auch wenn Goethe immer noch kein Meister des Zeichnens war so hatte sein Blick für bildende Kunst an Genauigkeit gewonnen. In der intensiven Auseinandersetzung mit der Kunst wurde Goethe immer klarer, dass sein Wesen und seine Ideen sich in der Dichtung verwirklichen mussten.[20] Er übertrug die Eindrücke die ihm Rom geboten hat häufig in Theaterszenen. [21]

3. Schlusswort

Nach seiner Rückkehr nach Weimar legte Goethe die entstandenen Texte erst mal zur Seite. Die „Italienische Reise", eigentlich das Tagebuch dieser Reise, entstand erst 1829, also 30 Jahre später. Goethe blickte hier aus einer langjähriger Entfernung auf seine Erlebnisse und so erfährt man als Leser mehr über Goethe als über dieses Land.
Wie schon oben erwähnt war diese Reise für Goethe ein Ausbruch aus seinem Leben. Goethes Postanschrift unter dem von ihm gewählten Inkognito „Mr. Jean Philippe Möller" kannte nur sein Diener Seidel[22] und verdeutlicht schon hier wie sehr Goethe seine Verbindung nach Deutschland verwischen wollte, um sein Leben, dass er sich schon seit frühester Kindheit wünschte, endlich zu leben. Italien war für Goethe nicht nur ein Land, das er aus seiner Kindheit kannte, es war ein Land in dem seine Sehnsucht nach neuem Land mit neuer Lebensform endlich ein Ende hatte.
Im Süden konnte er Erfahrungen sammeln, die er sonst nirgends auf der Welt hätte

---

[20] Vgl. Andrea Wagener. Goethe und sein römischer Freundeskreis. In: Goethe in Italien, hg. von Jörn Göres, Mainz 1986, S.53

[21] Ebd.

[22] Christina Florack-Kröll. Das „Tramontane" – Goethes Erlebnis des Südens. In: Goethe in Italien, hg. von Jörn Göres, Mainz 1986, S.15

erfahren können, und die für sein weiteres Leben von großer Bedeutung waren.[23]
Seine Reise führte ihn durch viele Städte, in denen er viel erlebte doch sein Augemerk lag immer auf Rom. Er ist nach Rom gegangen um zu sehen, zu lernen und sich auszubilden.

Auch wenn er die ganzen zwei Jahre über brieflichen Kontakt zu seiner Familie, seinen Freunden und Bekannten hielt, spürt man mehr die enge Beziehung zu seinem römischen Freundeskreis. In Rom hatte er in Tischbein und Angelica Kaufmann treue Gefährten, die gerade zu diesem neuen Lebensstil passten. Diese Menschen die er im Süden traf, führten zu seinem neuen Dasein und erlebten Goethes Veränderung nicht als Dichter sondern als Künstler.

Die Erlebnisse in Rom entsprachen jedoch nicht immer Goethes Vorstellung. Deutlich wird das im Abschnitt über sein Zusammentreffen mit der katholischen Kirche. Hier erlebte Goethe womöglich die größten Enttäuschungen, die aber nicht negativ gewertet werden sollten, sondern als Zweck zur weiteren Entwicklung Goethes und seinem Erleben dieser Stadt, die dieses unglaubliche Begehren nach Veränderung in ihm schon früh geweckt hatte.

Einen weiteren wichtigen Punkt stellt diese Reise zur Goethes Beschäftigung mit der Malerei dar.[24]

Auch wenn Goethe schon in Deutschland mit der bildenden Kunst vertraut wurde, so entwickelte sich sein anfängliches Empfinden schließlich am Ende dieser Reise zu einer sehr anschauenden Kenntnis über Kunst. Er suchte in Italien nicht die für dieses Land spezifischen Kunstwerke auch wenn ihn die Kunst des Michelangelo auch faszinierte, sondern vielmehr strebte er nach der Erkenntnis der „wahren Kunst".

Die „Italienische Reise" ist nicht nur eine Beschreibung des Landes, sondern auch eine Beschreibung der Erlebnisse in diesem Land, der Eindrücke von den Menschen, die zu seinen Freunden wurden, sowie von der Kultur, die ihn fasziniert hat.

Es ist ein Buch über ein Italien wie es Goethe empfunden hatte, über ein Italien dass nur er auf diese Weise erleben konnte.

---

[23] Christina Florack-Kröll. Das „Tramontane" – Goethes Erlebnis des Südens. In: Goethe in Italien, hg. von Jörn Göres, Mainz 1986, S.21

[24] Vgl. Petra Maisak. Goethe und die Malerei in Italien. In: Goethe in Italien, hg. von Jörn Göres, Mainz 1986, S.78

4. Quellenverzeichnis:

Primärliteratur:

http://gutenberg.spiegel.de/goethe/italien/italien.htm
Johann Wolfgang Goethe. Italienische Reise

Sekundärliteratur:

Schmidt, Hartmut: Die Kunst des Reisens. Bemerkungen zum Reisebetrieb im späten 18. Jahrhundert am Beispiel von Goethes erster Italienreise. In: Goethe in Italien, hg. von Jörn Göres, Mainz 1986

Florack-Kröll, Christina: Das „Tramontane" – Goethes Erlebnis des Südens. In: Goethe in Italien, hg. von Jörn Göres, Mainz 1986

Felber, Ingrid: Goethe in Italien. Der Protestant im Zentrum der katholischen Welt. In: Goethe in Italien, hg. von Jörn Göres, Mainz 1986

Wagener, Andrea: Goethe und sein römischer Freundeskreis. In: : Goethe in Italien, hg. von Jörn Göres, Mainz 1986

Maisak, Petra: Goethe und die Malerei in Italien. In: Goethe in Italien, hg. von Jörn Göres, Mainz 1986

Goethe, Johann Wolfgang von: Aufzeichnungen in Italien. Das Tagebuch für Charlotte von Stein, hg. von Eugen Thurnher, Salzburg 1982

Jacobs, Jürgen C.: Wiedergeburt in Rom. Goethes „Italienische Reise" als Teil seiner Autobiographie, Paderborn 2004